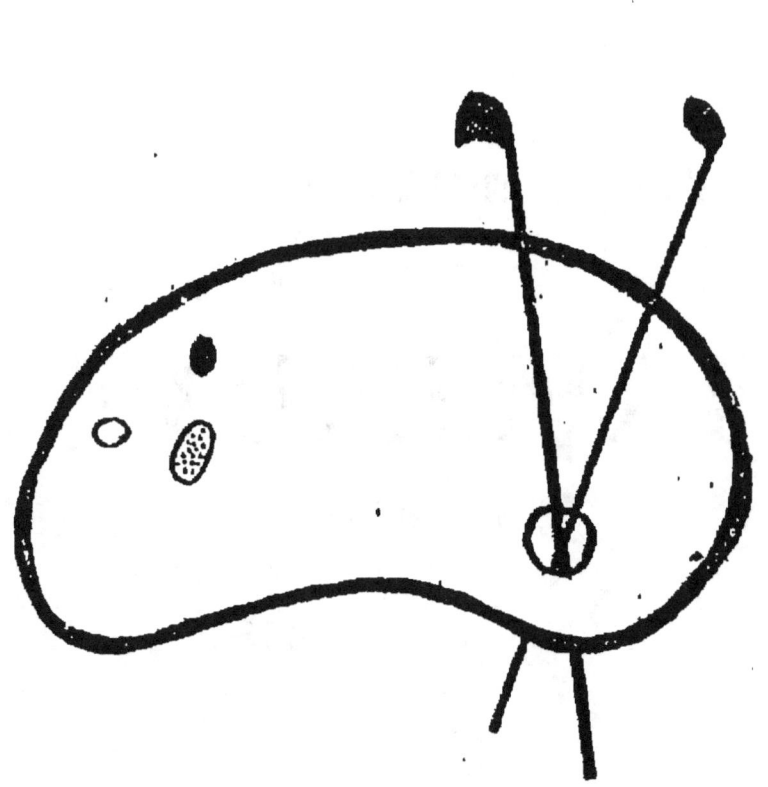

**DEBUT D'UNE SERIE DE DOCUMENTS
EN COULEUR**

PREMIÈRE VENTE

Collection MEYNIER SAINT-FAL

TABLEAUX
ANCIENS
ET
MINIATURES

VENTE

Les 10, 11, 12 et 13 Avril 1860

EXPOSITION LE LUNDI 9

Mᵉ PILLET, Commissaire-Priseur.
M. FEBVRE, Expert.

RENOU ET MAULDE, IMPRIMEURS DE LA COMPAGNIE DES COMMISSAIRES-PRISEURS,
rue de Rivoli.

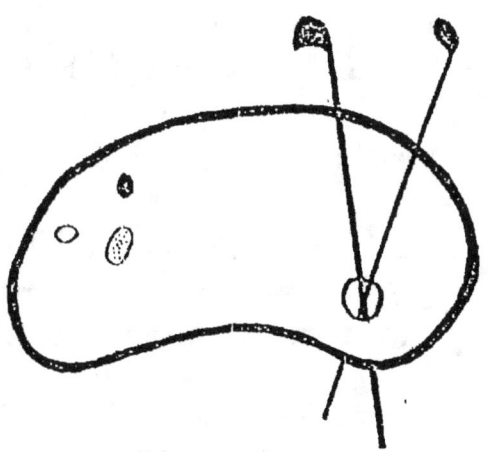

FIN D'UNE SERIE DE DOCUMENTS
EN COULEUR

PREMIÈRE VENTE

CATALOGUE
D'UNE COLLECTION
DE

PORTRAITS HISTORIQUES
Environ 200

TABLEAUX ANCIENS
DES

Écoles Hollandaise, Flamande, Allemande, Française & Italienne

ET DE

220 MINIATURES
SUR CUIVRE, SUR IVOIRE ET SUR VÉLIN

QUELQUES TABATIÈRES & ÉMAUX
PROVENANT DE LA

Collection de M. MEYNIER SAINT-FAL
DONT LA VENTE AUX ENCHÈRES PUBLIQUES AURA LIEU

HOTEL DES COMMISSAIRES-PRISEURS
Rue Drouot, n° 5
GRANDE SALLE N° 7

Les Mardi 10, Mercredi 11, Jeudi 12 et Vendredi 13 Avril 1860, à 1 h. 1/2

Par le ministère de M° **CHARLES PILLET**, Commissaire-Priseur,
rue de Choiseul, 11,
Assisté de M. **FEBVRE**, Expert, rue Sainte-Anne, 69,
Chez lesquels se distribue le présent Catalogue.

EXPOSITION PUBLIQUE
Le Lundi 9 Avril, de 1 heure à 5 heures.

1860

CONDITIONS DE LA VENTE.

Elle sera faite au comptant.

Les Acquéreurs paieront, en sus des adjudications, CINQ pour cent applicables aux frais de vente.

La Collection de M. MEYNIER SAINT-FAL, connue depuis longtemps du monde amateur, a acquis une si belle et si légitime réputation, qu'il est inutile d'en faire ici l'éloge.

Cette Réunion, commencée depuis plus de quarante ans, comprend plus de 300 tableaux, parmi lesquels un grand nombre de portraits historiques d'un vif intérêt, environ 400 miniatures sur cuivre, sur vélin et sur ivoire, un grand nombre de tabatières précieuses et d'émaux, quelques objets de curiosité, des dessins anciens et de nombreuses gravures.

Fils d'un artiste distingué, heureusement doué lui-même, M. SAINT-FAL fit de bonne heure son éducation artistique. Son oncle Meynier, peintre célèbre, auquel nous devons une partie des grisailles qui décorent le palais de la Bourse, dirigea les bonnes dispositions de son neveu et développa chez lui l'amour du beau. Un penchant naturel lui fit rechercher les portraits historiques. Grâce à une mémoire heureuse, à un coup-d'œil rapide et sûr, M. SAINT-FAL devint bientôt un des premiers connaisseurs en ce genre. Son mérite fut apprécié par le roi Louis-Philippe qui le chargea de faire plusieurs acquisitions pour le musée de Versailles.

Amateur passionné de ses tableaux et de ses miniatures, vivant retiré au milieu d'eux, sa préoccupation constante a été d'en compléter l'ensemble et d'en améliorer le choix en l'épurant. Bien que son grand âge lui en ait rendu aujourd'hui la jouissance presque nulle, on comprendra, en la voyant, qu'il ne se sépare pas sans quelque regret de cette charmante Collection; du moins sera-ce pour lui le sujet d'une juste satisfaction, et presque d'un légitime orgueil, de voir l'empressement des Amateurs ratifier les choix qu'il a faits.

Il a voulu en quelque sorte diriger lui-même la rédaction de son Catalogue et nous donner les noms des peintres, avec celui des personnages historiques indiqués. Sa longue expérience offre donc une double garantie à MM. les Amateurs. Pour nous, nous avons cru devoir respecter religieusement ces précieux renseignements.

Les personnes qui fréquentent nos salles de ventes trouveront, nous en sommes certains, un nouvel attrait en visitant cet ensemble intéressant.

La deuxième vente aura lieu les 25, 26, 27 et 28 du présent mois, même salle. Elle comprendra le restant des tableaux, les miniatures et les objets de curiosité.

Une troisième vente comprendra les dessins, les gravures; l'époque n'en est pas encore déterminée.

A. FEBVRE.

DÉSIGNATION
DES TABLEAUX

École Française.

BAUDOUIN (Pierre-Antoine).

1 — La marquise Du Deffand, amie de Voltaire.

BÉNARD (Jean-Baptiste).

2 — Vue du parc et des cascades de Saint-Cloud ; autour du bassin se promènent des Orientaux et des personnes de toutes conditions.

DROUAIS.

3 — La marquise de Montesson, femme du duc d'Orléans, petit-fils du régent. Ravissant portrait représentant cette dame en négligé, s'occupant de terminer sa toilette; elle tient de la main gauche une tresse de ses cheveux, de l'autre un livre entr'ouvert ; à son cou est suspendu le portrait de son mari.

BOULLONGNE (Bon).

4 — L'Annonciation. L'archange Gabriel annonce à la bienheureuse Marie sa mission divine.

BRUANDET (Figures par Duval).

5 — Charmant paysage baigné par une rivière ; à droite une route, des villageois et des animaux.

CALLET (Antoine-François).

6 — Tête d'expression.

CALLOT (Jacques).

7 — Halte de bandits. Composition pittoresque exécutée avec un esprit et une verve remarquables.

CHARDIN (Jean-Baptiste).

8 — Portrait de Préville, de la Comédie-Française.

JANET, dit CLOUET.

9 — Portrait de Diane de Poitiers.

COYPEL (André).

10 — Parc dans lequel sont réunies des jeunes dames en compagnie de galants cavaliers.
11 — Jupiter et Danaé. Gracieuse composition.

COYPEL (Noël).

12 — La Mort de Patrocle.

DEMARNE.

13 — Plage normande. Charmante composition de quarante figures, œuvre de la meilleure époque du maître.

DELISLE (Mme).

14 — La Confidence. Intérieur. Deux figures.

DETROY, le père (Nicolas).

15 — Dame de qualité sous la figure de Pomone.

DETROY fils (François).

16 — Portrait de la célèbre actrice Sylvia, portant un costume théâtral ; elle cueille des fleurs et tient une branche de laurier.

DUVAL.

17 — Paysage : environs de Fontainebleau.

18 — Paysage : soleil couchant ; à gauche des édifices en ruines ; sur le devant une rivière que passent à gué des animaux.

DROUAIS (Jean-Germain).

19 — Portrait du roi Louis-Philippe enfant.

DROLLING (Martin).

20 — Tête de jeune fille.

DUPLESSIS.

21 — Portrait de la princesse Marie, sœur de la reine Marie-Antoinette.

GREUZE (Jean-Baptiste).

22 — Petit Savoyard quittant la maison paternelle. Composition de trois figures connue sous le titre du Départ de Barcelonnette.

23 — Portrait de ce peintre.

GREUZE (Attribué à).

24 — Tête de Bacchante.

GRIMOUX (Jean).

25 — Portrait d'une jeune femme coiffée d'une toque ornée de plumes. Pastel.

HIRE (Laurent de la).

26 — Le Repos de la Sainte Famille.

LACROIX.

27 — Marine : entrée de port italien, soleil couchant.

LALLEMAND (J.-B.).

28 — Paysage avec rivière, figures et animaux.

LAJOUE (Jacques).

29 — Intérieur de parc avec bassin et chute d'eau ; sur le devant, des villageois et des animaux se reposent près de monuments antiques.

LARGILLIÈRE (Nicolas).

30 — Portrait d'Étienne d'Aligre, chancelier en 1674.
31 — Portrait d'une dame de qualité ; près d'elle est un nègre auquel elle donne des ordres.

LOO (Carle Van).

32 — Portrait du maréchal de Saxe.

LAGRENÉE (Jean-François).

33 — Vénus demandant à Vulcain des armes pour son fils Énée.
34 — La Sortie de bain. Gracieuse composition. Deux figures.

LEBRUN (Charles).

35 — Jésus et la Samaritaine.
36 — Portrait du maréchal de Richelieu, ami du régent.

LEBRUN (Mme), née VIGÉE.

37 — Portrait d'une jeune femme de l'époque du Directoire.
38 — Portrait d'une jeune femme à coiffure poudrée.
39 — Portrait de Mlle Lange, sous la figure de la Vanité.

LEMOINE (François).

40 — Le Triomphe de Galatée. La déesse est entourée de Nymphes et d'Amours.

LOIR (Nicolas).

41 — La Vierge et l'Enfant Jésus.

LOO (Carle van).

42 — Portrait de miss Emma Harte, depuis lady Hamilton, représentée sous la figure d'une Muse. Elle trace sur le papier ses poétiques inspirations, et tient de la main gauche la trompette de la Renommée.
43 — Portrait de Mme de Pompadour.

LOO (Louis-Michel van).

44 — Bethzabée au bain. Près d'elle est un nègre qui lui présente une lettre; dans le fond, sur la terrasse d'un palais, on aperçoit le roi David.

MALLET (Attribué à).

45 — L'Heureuse Mère. Intérieur. Trois figures.

MIGNARD (Pierre).

46 — Portrait de la duchesse d'Orléans, femme du régent, portant le manteau d'hermine. Elle détache quelques fleurs d'un vase placé près d'elle.
47 — Dame de l'époque de Louis XVI.
48 — Portrait d'une dame de distinction.
49 — Portrait de Marion Delorme.
50 — Marie-Louise, fille du duc d'Orléans, frère de Louis XIV.
51 — Portraits vus à mi-corps du grand Condé et de sa sœur, la duchesse de Longueville.
52 — Portrait de madame de Maintenon. Près d'elle est le jeune duc du Maine, dont elle dirigeait l'éducation.
53 — Dame sous la figure de Pomone. Près d'elle est Jupiter sous celle de Vertumne.
54 — Princesse de la maison de France.
55 — Françoise d'Aubigné, marquise de Maintenon.
56 — Portrait de madame de Montespan.

NATOIRE (Charles).

57 — Dame de la cour sous la figure d'Ariane. Près d'elle est un Amour et Bacchus debout.
58 — Jupiter et Io. Rappelant la composition du Corrége.

NOCRET (Jean).

59 — Mademoiselle de La Vallière retirée du monde. Allégorie. Elle est représentée en Carmélite, tenant un crucifix. Près d'elle, la jeunesse lui présente une pomme qu'elle repousse; plus loin est agenouillé Louis XIV, portant le costume d'un empereur romain.

PATER (Jean-Baptiste).

60 — Fête dans un parc. Des personnages, portant des costumes de fantaisie, célèbrent Bacchus ; un jeune homme couronné de pampres et assis sur un trône représente ce dieu ; un autre, debout, lui porte un toast. Sur plusieurs points sont des groupes d'amoureux. Cette œuvre ravissante est digne du pinceau de Watteau.

RAOUX (Jean).

61 — Portrait d'une actrice de la Comédie Italienne.
62 — Jeune femme à sa toilette, à laquelle préside une servante. Gracieuse composition.
63 — Dame de la cour de Louis XIV.

RESTOUT (Jean).

64 — Virginie frappée par son père Virginius.

RÉMOND (1820).

65 — Paysage : site italien, soleil couchant.

RIGAUD (Hyacinthe).

66 — Portrait de Marc-René Voyer d'Argenson, lieutenant général de police en 1697.
67 — Portrait de Molière, représenté en buste, vêtu d'une robe de chambre jaune. Ce magnifique portrait est du plus beau faire du maître et d'une conservation parfaite.
68 — Officier supérieur de l'époque de Louis XIV.
69 — Portrait du maréchal de Villars.
70 — Portrait de Léopold, duc de Lorraine, mari d'Élisabeth, fille du duc d'Orléans. Il eut pour fils l'empereur François 1er, empereur d'Allemagne.

SANTERRE (Jean-Baptiste).

71 — Jeune femme de l'époque de Louis XV élégamment vêtue.

STELLA (Jacques).

72 — La Vierge tient sur ses genoux son Fils bien-aimé; près d'elle est saint Joseph.

SWEBACH (Desfontaine).

73 — Paysage avec figures.

TAUNAY (Nicolas-Antoine, signé).

74 — Environs de Naples. Paysage animé de figures et de marches d'animaux.

THEVENIN, 1825 (Charles).

75 — Les Deux Frères.

TOQUÉ.

76 — Portrait en pied d'un prince de la maison de France.

TRINQUESSE.

77 — Portrait d'une jeune femme.

VALIN.

78 — L'Amour caressant l'Innocence.
79 — Tête de Bacchante. Œuvre rappelant le faire de Greuze.
80 — Bacchantes et Amours dans un paysage.

VERNET (Joseph).

81 — Portrait de ce célèbre artiste.

VESTIER.

82 — Portrait de mademoiselle Clairon, de la Comédie-Française.

VOUET.

83 — Samson, couché près de Dalila, est trahi par cette dernière, qui lui fait couper les cheveux par un jeune homme. Des soldats se disposent à s'emparer du vaincu.

VIEN (Joseph), le vieux.

84 — Gracieuse composition représentant Danaé sur un lit de repos ; la pluie d'or est recueillie par une servante.

Écoles Hollandaise, Flamande & Allemande

AKEN (Jean Van).

85 — Paysage : à gauche est l'entrée d'un bois traversé par une route où passent des animaux et des pâtres ; le fond est occupé par une campagne accidentée.

ASSELYN (Jean).

86 — Paysage ayant au centre un lac où se réfléchissent les rayons du soleil ; le fond est borné par des montagnes vaporeuses ; sur le devant, pâturage avec villageois et animaux. Les figures sont modernes et du pinceau de Demarne.

BERGHEM (École de Nicolas).

87 — Campagne accidentée, avec figures et animaux ; soleil couchant.

BERKHEYDEN (Gérard).

88 — Place d'une ville hollandaise : à droite est un prêtre arrêté à la porte d'un couvent ; il fait l'aumône à un mendiant ; au centre, un villageois conduit des animaux et indique le chemin à un cavalier ; à gauche, des femmes viennent puiser de l'eau à une fontaine.

BOUT et BAUDEWINS.

89 — Paysages avec figures. Deux pendants.

90 — Village hollandais bordé par une rivière.

BLOEMAART (Abraham).

91 — « Laissez venir à moi les petits enfants. » Composition capitale d'un style élevé.

BLOEMEN (Van, dit ORIZONTI).

92 — Paysage avec route et cavaliers ; au centre, sur le bord d'une rivière, des pêcheurs retirent leurs filets.

BREUGHEL (Pierre, dit le VIEUX).

93 — Bande d'aveugles traversant un village. Ils marchent en se tenant par les épaules ; le premier, en tombant, entraîne par sa chute tous ses compagnons de voyage.

CHAMPAIGNE (Philippe de).

94 — Portrait du chancelier Guillaume de Lamoignon.

95 — Portrait d'Abraham Fabert, maréchal de France.

DEROY (de Bruxelles).

96 — Animaux au repos dans une prairie.

DIÉTRICH.

97 — Descente de croix.

DUBBELS (Jean).

98 — Rade hollandaise, avec navires sous voile cinglant sur divers points; à droite est l'entrée d'un port, dans le fond une ville.

DURER (Attribué à Albert).

99 — Marche du chevalier de la Mort. Tableau dont le sujet a été gravé à l'eau-forte par l'artiste. Nous appelons l'attention des amateurs sur cette œuvre intéressante.

DYCK (École d'Antoine Van).

100 — Portrait de ce célèbre peintre.

FAES (Van Den, dit le Chevalier LÉLY).

101 — Dame de la cour de Charles Ier.
102 — Portrait de Marie Ruzé d'Effiat, maréchal de la Meilleraye, sœur de Cinq-Mars.
103 — Portrait de la maîtresse de Charles II, roi d'Angleterre; près d'elle, son fils, le duc de Monmouth, qui conspira contre Jacques II, et fut décapité en 1685.

FRANCK (Sébastien).

104 — Reine et martyre.
105 — Cavaliers faisant la chasse à des lions furieux, dont les victimes sont étendues sur le sol.

106 — L'Adoration des Mages.
107 — La Nativité.
108 — Le Mariage de la Vierge. Le grand prêtre unit les époux. De nombreux personnages assistent à cette cérémonie.

GILLEMANS.

109 — Intérieur de parc, avec fleurs, fruits et divers animaux.

GOLTZIUS (Henri).

110 — Les trois déesses Vénus, Minerve et Junon, attendant le jugement du berger Pâris.
111 — Dieux fêtant Bacchus.

GOOL (Van, signé).

112 — Paysage avec animaux au repos.

GORP (Van).

113 — Portrait d'une femme artiste dessinant d'après la bosse.

HALS (Franck).

114 — Portrait de ce peintre.

HELST (Barthélemy Van Der).

115 — Portrait d'un officier supérieur hollandais.

HENGEL (Van).

116 — Vache au pâturage.

HERP (Gérard Van).

117 — Dames et cavaliers réunis près d'une table servie.

HONTHORST (Gérard).

118 — La Madeleine méditant. Effet de lumière.

HOUBRAKEN (Van).

119 — Portrait d'une dame hollandaise en Diane chasseresse.

120 — Personnage hollandais, probablement le mari de la précédente.

HULSDONCK (Jean Van).

121 — Fruits, huîtres, pâté et ustensiles, le tout groupé sur une table.

122 — Même genre de composition que la précédente.

HUYSUM (Juste Van).

123 — Fleurs de diverses espèces contenues dans un vase de cristal.

JANSON.

124 — Intérieur d'une ville hollandaise traversée par un canal.

JORDAENS (Genre de).

125 — Personnages grotesques. Trois personnages. Allégorie.

KEYSER (Gaspard De).

126 — Portrait d'une dame hollandaise.

KOBELL (Guillaume, signé).

127 — Vache dans un pâturage.

LAMBRECH.

128 — Intérieur. Villageoise attablée entre deux galants.

MAAS (Nicolas).

129 — Stathouder et sa suite rentrant en traîneaux dans la ville d'Amsterdam.

130 — Portrait d'un jeune homme portant le costume des gardes espagnoles.

METZU (Attribué à).

131 — Jeune dame hollandaise occupée à sa toilette.

MIÉRIS (Attribué à Guillaume).

132 — Portrait d'Anne d'Autriche, femme de Louis XIII, représentée debout, la main droite appuyée sur une table couverte d'un tapis rouge; elle porte le costume antique des dames romaines.

MIÉRIS (François, attribué à).

133 — Cérès cherchant sa fille Proserpine.

MOOR (Carle De).

134 — Magistrat hollandais assis dans un fauteuil Près de lui est une petite fille qui lui offre des fleurs; plus loin, debout, est le frère de cette dernière.

135 — Sujet allégorique ayant trait à l'affranchissement des Pays-Bas, délivrés du joug espagnol. Composition de quatre figures d'un faire remarquable.

MOLENAAR (Jean).

136 — Gens de mauvaise vie réunis dans un estaminet flamand. Autour d'une table sont des joueurs de cartes; l'un deux est volé par une petite fille qui fouille dans une de ses poches.

MIREVELT (Pierre).

137 — Portrait d'un personnage portant un costume noir et une collerette à larges plis. Le haut du panneau est armorié; à gauche on lit : *Ætatis suæ* 36, *anno* 1602.

138 — Portrait d'une dame hollandaise richement vêtue.

139 — Portrait d'un personnage hollandais.

MEER Van Der (LE JEUNE).

140 — Dignitaire oriental, suivi d'un nombreux cortége, allant prendre possession d'un pachalik.

NEER (Eglon Van Der).

141 — Dame hollandaise debout dans un parc, le coude appuyé sur une balustrade.

NETSCHER (Gaspard).

142 — Dame richement vêtue arrêtée à l'entrée d'un parc; son coude repose sur une table couverte d'un tapis d'Orient.

143 — Couple amoureux dans un parc.

NETSCHER (Constantin).

144 — Portrait d'un magistrat; il porte plusieurs insignes, parmi lesquels l'ordre du Saint-Esprit.

145 — Dame hollandaise assise dans un parc; elle détache quelques fleurs d'un vase placé près d'elle.

ORLEY (Van).

146 — Assise près d'un rocher, la Vierge tient sur ses genoux son Fils bien-aimé, qui joue avec le petit saint Jean.

Ce tableau provient de l'ancienne galerie de Monaco ; la bordure est surmontée d'un écusson armorié.

POELENBURG (Corneille).

147 — Fête à Bacchus. Paysage offrant à gauche un tertre sur lequel sont assis Bacchus et Ariane ; plus loin, des Bacchantes dansent autour de la statue du dieu Pan.

PORBUS (Pierre).

148 — Portrait de Cinq-Mars. Œuvre remarquable.
149 — Portrait présumé d'Henri, duc de Guise ; il est représenté, mort, couché dans un lit de parade.

REGEMORTER (Pierre Van).

150 — Paysage avec marche d'animaux.

ROOS (Henry, de Francfort).

151 — Pâtre conduisant des animaux à l'abreuvoir.

ROTTENHAMER (Jean).

152 — Nymphes, Faunes et Amours dans un paysage.
153 — La Vierge et l'Enfant Jésus.
154 — Tête de Christ.

SCHOEVAERTS (N.).

155 — Paysage bordé par une rivière chargée d'embarcations ; à gauche, entrée de ville, près de laquelle sont de nombreux personnages.

STAVEREN (Jean-Adrien Van).

156 — Portrait d'une dame hollandaise ; une large collerette couronne sa robe noire.

SPRONG (Gérard).

157 — Neptune et Amphitrite sur les eaux. Ravissante composition rappelant celles de Boucher.

TENIERS (David, le fils, signé).

158 — La Descente de croix.
Teniers, en produisant cette œuvre, a pastiché Rubens ; l'habile artiste s'est plu à imiter la manière de presque tous ses contemporains ; il a réussi quelquefois à mettre en défaut les yeux les mieux exercés ; cependant il est facile de reconnaître les touches sèches qui caractérisent ses productions.

THULDEN (Théodore Van).

159 — Dans un paysage, la Vierge est assise et tient sur ses genoux son Fils chéri ; le petit saint Jean est en adoration ; des anges dirigent la marche de l'agneau pascal.

TILBORGH (Gilles Van).

160 — Jeune seigneur hollandais, suivi des gens de sa maison ; il est arrêté à l'entrée d'une ville ; et reçoit les compliments d'un bourguemestre.

TOL (Dominique Van).

161 — Ménagère hollandaise dans une cour, occupée à des travaux domestiques; sur le devant sont amoncelés des légumes et des ustensiles de cuisine.

162 — La mère de Gérard Dow lisant.

TORENVLIET (Jacques).

163 — Portrait d'un dignitaire oriental. Œuvre d'une grande finesse d'exécution.

VERKOLYE (Jean).

164 — Jeune dame richement parée.
165 — Moïse protégeant les filles de Jéthro contre les insultes des bergers.

Bien que ce sujet soit sévère, l'artiste a su donner à cette œuvre, par un arrangement habile, toute la grâce d'un sujet profane. C'est sans contredit une des plus belles pages de l'artiste.

VRIES (Jean).

166 — Paysage boisé.
167 — Paysage offrant à droite un monticule dominé par une chaumière couronnée d'arbres ; au centre une route éclairée par le soleil; dans le fond un village ; sur une route des villageois et des animaux.

WÉENIX (Jean-Baptiste).

168 — Valets et chiens de chasse dans une campagne éclairée par un soleil couchant.

WÉENIX (École de).

169 — Gentilhomme et sa famille se reposant près d'une fontaine.

WERF (Attribué à Van Der).

170 — Dame hollandaise debout dans un parc, le bras droit appuyé sur un piédestal.

WERF (Adrien Van Der).

171 — Nymphe endormie surprise par un Amour.

ZORG (Henri-Martin).

172 — Intérieur d'estaminet flamand. A gauche sont attablés des fumeurs; à droite, une servante est occupée à des travaux domestiques.
173 — Dans un cellier sont posés à terre des ustensiles de cuisine.

Écoles Italienne & Espagnole.

ARELLANO (Jean).

174 — Fleurs aux tons variés contenues dans un vase en marbre blanc sculpté.

BARROCCIO (Ambroise).

175 — La Résurrection de Lazare. Composition capitale.

BENEDETTO (Castiglione).

176 — Halte de bohémiens dans une campagne accidentée.

BRONZINO (Allori).

177 — Portrait du Cardinal Jean de Médicis, depuis Léon X.

CARRACHE (Annibal).

178 — L'Enfant Jésus sommeille près de sa mère, qui cause avec sainte Elisabeth; un ange soulève le voile qui couvre le visage du divin Enfant.

CARRACHE (Genre de).

179 — Le Repos de la Sainte Famille.

CARRACHE (Louis,) d'après RAPHAEL.

180 — Jésus, saint Jean et sainte Elisabeth. Composition d'après le tableau du Musée du Louvre, n° 378.

CIGNANI (Carlo).

181 — La Sagesse et la Vérité. Sujet allégorique. Deux figures.

GIORDANO (Luca).

182 — Hérodiade regardant la tête de saint Jean, placée sur un plat que tient un jeune homme.

GUIDO (Reni).

183 — Le Sommeil de Jésus.

GUIDO (École de Reni).

184 — Le Repos de la Sainte Famille.

MANFREDI.

185 — Personnages vus à mi-corps exécutant un concert.

MARATTI (Carlo).

186 — Mater Dolorosa.
187 — Portrait de Marie Mancini, nièce du cardinal Mazarin et princesse Colonna.

MENGS (Raphaël).

188 — Portrait d'un doge de Venise, représenté debout, portant le costume de président du Conseil; il est entouré d'attributs et d'emblèmes qui révèlent sa puissante autorité; on voit dans le fond le grand escalier d'un palais.

MORALÈS (École de).

189 — La Vierge et l'Enfant Jésus.

MURILLO (Esteban).

190 — L'Annonciation. La Vierge, agenouillée, est en prière; l'ange Gabriel apparaît dans un rayon lumineux et apprend à Marie son heureuse destinée; des chérubins voltigent dans les airs en soutenant des draperies.

RICCI.

191 — Abraham est prêt à sacrifier son fils, étendu sur le bûcher; un ange apparaît et retient le bras du patriarche.

VÉRONÈSE (Genre de Paul).

192 — Moïse sauvé des eaux.

ÉCOLE ITALIENNE.

193 — Le Triomphe de Galatée. Gouache d'après Raphaël.

Signé A. B. W.

194 — Campagne italienne où se reposent des animaux; un pâtre cause avec une vieille femme; un petit villageois joue de la flûte.

ÉCOLE ALLEMANDE.

195 — Portrait d'un jeune prince polonais.
196 — Jeune femme conduite par un petit chien qui la dirige vers un buisson où l'on voit un homme mort.

ÉCOLE ANGLAISE.

197 — Petit garçon jouant avec des insectes.
198 — Portrait de la Lescombat.

INCONNU.

199 — Portrait de Stanislas, comte Poniatowski, roi de Pologne, représenté cuirassé, ayant la main droite posée sur son casque.
200 — Sous ce numéro les tableaux omis.

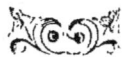

MINIATURES

Sur Cuivre, sur Vélin et sur Ivoire.

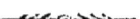

ABRÉVIATIONS CONTENUES DANS CES MINIATURES:

(C.) cuivre; — (V.) vélin; — (I.) ivoire; (E.) émail.

Règnes de Henri III et de Henri IV.

1 — Portrait de Jean Olden Barneveldt, grand pensionnaire de Hollande, condamné à mort sous le stathouder Maurice de Nassau, en 1619. (C.)
2 — Dame florentine de l'époque de Laurent de Médicis. (C.)
3 — Porbus. Princesse de la maison de Médicis. (C.)
4 — Portrait de Shakespeare, poëte anglais. (I.)
5 — Portrait du poëte François Malherbe. (C.)
6 — Marie Touchet, maîtresse de Charles IX. (C.)
7 — Portrait d'un gentilhomme français. (C.)
8 — Le duc d'Aumale, frère du duc de Guise. (C.)

Règne de Louis XIII.

9 — Dame de la cour de Charles Ier, roi d'Angleterre.
10 — Personnage de l'époque de Louis XIII. (C.)
11 — Van Dyck (d'après). Portrait d'un peintre flamand.
12 — Anne d'Autriche, femme de Louis XIII. (V.)
13 — Henriette de France, reine d'Angleterre, femme de Charles Ier. (C.)
14 — Gentilhomme espagnol. (C.)
15 — Le connétable de Lesdiguières. (V.)

16 — Dame de la cour de Louis XIII. (C.)
17 —   Id.   Id.   Id. (C.)
18 — Jean III, roi de Portugal. (C.)
19 — Henri Goltzius, peintre et graveur. (C.)
20 — Personnage de l'époque de Louis XIII. (C.)
21 — Dame de la cour de Louis XIII. (C.)
22 — Charles Ier, roi d'Angleterre. (C.)
23 — Vincent Voiture, poëte français. (C.)
24 — Ravestein. Personnage de l'ép. de Louis XIII. (C.)
25 — Gaston d'Orléans, frère de Louis XIII. (C.)
26 — Staveren. Personnage hollandais. (C.)
27 — Gentilhomme de la cour de Louis XIII. (C.)
28 — Lely (le chevalier). Gentilhomme anglais. (C.)

Règne de Louis XIV.

29 — Portrait de Marie Bonneau, dame de Miramion, fondatrice des Miramionnes. (C.)
30 — Lefèvre de Caumartin, chancelier. (C.)
31 — Mignard (attr. à). La comtesse de La Fayette. (C.)
32 — Neer (attribué à Eglon Van). Jeune seigneur hollandais. (C.)
33 — La duchesse de Fontanges. (C.)
34 — Dame de l'époque de Louis XIV. (C.)
35 —   Id.   Id.   Id. (C.)
36 — Officier supérieur hollandais. (C.)
37 — Netscher (C.). Dame hollandaise. (C.)
38 — Detroy père. Portrait d'une jeune dame. (C.)
39 — Du même. Marie Desmarets, célèbre actrice. (C.)
40 — Portrait d'un personnage de l'époque de Louis XIV. (I.)
41 — Jeune dame hollandaise. (C.)
42 — Françoise d'Aubigné, marquise de Maintenon. (C.)
43 — Françoise de Sévigné, comtesse de Grignan. (V.)
44 — Schalcken (attribué à). Dame hollandaise. (C.)

— 29 —

45 — Lamoignon de Bâville, intend. du Languedoc. (C.)
46 — Rigaud. Portrait de l'artiste. (C.)
47 — Antoinette de La Garde, dame Deshoulières. (V.)
48 — Personnage de distinction. (I.)
49 — Personnage hollandais. (C.)
50 — Eyckhout (Van). Portrait de Rembrandt. (C.)
51 — Netscher (Gaspard). Jeune dame hollandaise. (C.)
52 — François, duc de La Rochefoucauld, auteur
 des *Maximes*. (C.)
53 — Robert Walpole, premier comte d'Orford. (I.)
54 — Mademoiselle de La Vallière. (I.)
55 — Léopold Ier, empereur d'Allemagne. (C.)
56 — Portrait du peintre Nicolas Mignard. (C.)
57 — Miéris. Portrait d'une jeune dame hollandaise. (C.)
58 — Tlaburg. Gentilhomme hollandais. (C.)
59 — Portrait d'un personnage hollandais. (C.)
60 — Petitot. Regnault de Ségrais, poëte français. (V.)
61 — Marie Bonneau, dame de Miramion, fondatrice de
 la congrégation des Miramionnes Agées. (I.)
62 — Nicolas Catinat, maréchal de France. (I.)
63 — Jean de La Bruyère, écrivain français (C)
64 — Personnage hollandais. (C.)
65 — Maas. Id. Id. (C.)
66 — Le comédien Raisin, contemporain de Molière (V.)
67 — Personnage hollandais. (C.)
68 — Grand portrait de Léandre Bassano, peintre. (C.)
69 — Portrait du peintre Domenico Zampieri, dit
 le Dominiquin. (C.)
70 — Portrait de Ninon de Lenclos. (C.)
71 — Portrait de Mme de Montespan. (C.)
72 — Philippe d'Orléans, frère de Louis XIV. (C.)
73 — La comtesse de La Suze, poëte. (C.)
74 — Portrait de la duchesse d'Olonne. (V.)
75 — Marolles. Portrait d'Helvétius, auteur du livre
 De l'Esprit. (I.)

76 — Marie Mancini, nièce du cardinal Mazarin.   (C.)
77 — Dame de la cour de Louis XIV.   (I.)
78 — TERBURG (attrib. à). Jeune seigneur hollandais. (C.)
79 — Léopold Ier, empereur d'Allemagne.   (V.)
80 — Personnage de distinction.   (C.)
81 — NETSCHER. Personnage hollandais.   (C.)
82 — VERKOLIE. Jeune dame en Madeleine repen-
     tante.   (C.)
83 — John, duc de Marlborough.   (V.)
84 — NETSCHER. Portrait de l'amiral Tromp.   (C.)
85 — Esprit Fléchier, évêque de Nimes.   (C.)
86 — Personnage hollandais.   (C.)

Époque du Régent.

87 — Dame de la cour du Régent.   (I.)
88 — Gentilhomme, époque du Régent.   (I.)
89 — Dame de qualité.   (I.)
90 — Autre portrait,   id.   (I.)
91 — Gentilhomme de la cour du Régent.   (C.)
92 — Portrait de Carolus, fils du Régent, duc et ar-
     chevêque de Cambrai.   (I.)
93 — RAOUX. Dame de qualité.   (C.)
94 — Le duc d'Orléans, fils du Régent.   (I.)
95 — Le maréchal de Richelieu.   (I.)

Règne de Louis XV.

96 — VAN LOO. Portrait de Louis XV.   (V.)
97 — Charles Goldoni, auteur comique, né à Venise,
     surnommé le Molière italien.   (C.)
98 — Dame de la cour de Louis XV.   (C.)
99 — Portrait du peintre Van Loo.   (C.)
100 — Dame sous la figure d'une vestale.   (I.)

101 — La duchesse de Bourgogne, petite-fille de Louis XIV. (I.)
102 — Marie Leczinska, femme de Louis XV. (I.)
103 — Portrait de Louis XV. (V.)
104 — Bordier. Mlle Victoire, fille de Louis XV. (V.)
105 — Van Loo (d'après). Portrait de Louis XV. (I.)
106 — Portrait du même roi, mais plus âgé. (V.)
107 — Dame hollandaise. (C.)
108 — Dame de la cour de Louis XV. (C.)
109 — Massé. Gentilhomme de la cour de Louis XV. (I.)
110 — Drouais. Portrait de Mme du Barry. (C.)
111 — Le dauphin, fils de Louis XV. (I.)
112 — Mme de Graffigny, auteur des *Lettres d'une Péruvienne*. (I.)
113 — Le duc de Bourgogne, petit-fils de Louis XIV. (V.)
114 — Edme Bouchardon, sculpteur. (C.)
115 — Joseph II, empereur d'Allemagne. (V.)
116 — Portrait de Villart de Grécourt, poëte licencieux, né à Tours en 1684, mort en 1743.
117 — Portrait du dauphin, fils de Louis XV. (I.)
118 — Madame de Pompadour sous la figure d'une Naïade. (I.)
119 — Dame de qualité. (I.)
120 — Fouquet, maréchal de Belle-Isle. (I.)
121 — La duchesse de Bourgogne, petite-fille de Louis XV. (I.)
122 — Santerre. Portrait d'une jeune femme. (I.)
123 — Dame de distinction et son fils, sous les figures de Flore et de Zéphire. (I)
124 — Portrait d'une princesse polonaise. (I.)
125 — Portrait de Louis XV. (V.)
126 — Dame de la cour de Louis XV. (I.)
127 — Stanislas, roi de Pologne. (I.)
128 — Stanislas Poniatowski, roi de Pologne. (I.)
129 — Mlle Gaussin dans le rôle de Zaïre.

Règne de Louis XVI.

130 — Charles IV, roi d'Espagne. (I.)
131 — Portrait du poëte Vadé. (I.)
132 — Mme Favart, de l'Opéra-Comique. (I.)
133 — Officier de la maison du roi Louis XVI. (I.)
134 — Nicolas Luckner, maréchal de France, décapité en 1794. (I.)
135 — SAUVAGE. Portrait de Louis XVI, grisaille. (I.)
136 — Portrait de la reine Marie-Antoinette. (I.)
137 — Louis Mercier, auteur du *Tableau de Paris*. (I.)
138 — Jeune femme de l'époque de Louis XVI. (I.)
139 — Gilbert, poëte satirique. (C.)
140 — Portrait de femme. (I.)
141 — Jeune dame à coiffure poudrée. (I.)
142 — Jolyot de Crébillon, auteur des *Égaremens du cœur et de l'esprit*. (I.)
143 — Dame de l'époque de Louis XVI. (I.)
144 — Jean Ducis, poëte tragique. (V.)
145 — Louise-Rosalie Dugazon, actrice du théâtre de l'Opéra-Comique. (I.)
146 — Portrait de Louis-Philippe enfant. (I.)
147 — La princesse Marie d'Autriche, sœur de Marie-Antoinette. (I.)

Époques de la Révolution, du Consulat et de l'Empire.

148 — La fille Théroigne de Méricourt. (I.)
149 — Dame de l'époque du Consulat. (I.)
150 — Portrait du pape Pie VII. (I.)
151 — Dame de l'époque de l'Empire. (I.)
152 — BERNY (attribué à). Portrait de femme. (I.)
153 —   Id.   Id.   Id.   (I.)

154 — BERNY (attribué à). Portrait de femme. (I.)
155 — Le tragédien Talma. (I.)

Époques diverses.

156 — GREUZE (d'après). Portrait de sa fille cadette. (I.)
157 — Mme TURPIN DE CRISSÉ. La Sortie du bain. (I.)
158 — SANTERRE. Jeune femme tenant un masque. (V.)
159 — KLINGSTEDT. Portrait de l'artiste. (V.)
160 — GUIDO RENI (d'après). Figure allégorique, la : Sibylle de Cumes. (I.)
161 — Jeune femme nue, vue à mi-corps. Vernis allem.
162 — Rougeot, auteur. (I.)
163 — Demoustier, auteur des *Lettres à Émilie*. (I.)
164 — ÉCOLE ALLEMANDE. Jeune dame richement vêtue (C.)
165 — ÉCOLE FLAMANDE. Bustes de la Vierge et de Jésus. (C.)
166 — Jeune paysanne. (I.)
167 — Personnage hollandais. (C.)
168 — DEMARNE. Le Passage du gué. Fixé sur soie.
169 — Mme Saint-Elme, dite la Contemporaine.
170 — SAINT. Tête de Vierge. (I.)
171 — MASSÉ. Son portrait. (I.)
172 — GREUZE (d'après). Jeune fille tenant une colombe. (I.)
173 — Personnage hollandais. (I.)
174 — KLINGSTEDT. Jupiter et Io, d'ap. le Corrége. (V.)
175 — Sujet d'après Carlo Dolci. (I.)
176 — ÉCOLE ANGLAISE. Enfant jouant avec des fleurs. (I.)
177 — Allégorie mythologique. (I.)
178 — Sainte Cécile chantant les louanges de Dieu. (I.)
179 — BOILLY. L'Heureux Ménage. Deux pendants. (I.)
180 — Portrait d'un général, époque de la Restauration. (I.)
181 — Un camp, fixé, genre de Wouvermans. (S.)

182 — Guido Reni (d'après). Le Sommeil de Jésus. (C.)
183 — Actrice de la Comédie-Française, signé H. F. (l.)
184 — Boucher (d'après). Le Jugement de Pâris. (l.)
185 — Petite fille tenant une colombe. (l.)
186 — Jeune seigneur de la maison d'Orange. (C.)
187 — Jeune fille, époque de l'Empire. (l.)
188 — Mlle Mante, de la Comédie-Française. (l.)
189 — La Vierge et l'Enfant Jésus, d'après Guido Reni. (l.)
190 — Dame de l'époque de l'Empire. (l.)
191 — Berny. Autre portrait de la même époque. (l.)
192 — Nymphe surprise. (l.)
193 — Dame de l'époque du Directoire. (l.)
194 — Boucher. Bergère endormie. (l.)
195 — Thomas de Torquemada, grand inquisiteur d'Espagne.
196 — Prince de la maison d'Orange. (l.)
197 — Prince de la maison de Nassau. (C.)
198 — Comte de Cantade, capitaine espagnol. (C.)
199 — La Joconde, d'après Léonard de Vinci. (l.)
200 — Mambion. Portrait de Mlle Candeille.

Boîtes avec Miniatures et Émaux.

201 — Boîte oblongue en vernis Martin incrusté de guirlandes en or et argent : le couvercle orné du portrait en miniature de Mme Favart, de l'Opéra-Comique.

202 — Une boîte en écaille blonde piquée d'or et ornée d'un émail, par Soiron : le portrait de Marie-Joséphine de Saxe, mère des rois Louis XVI, Louis XVIII et Charles X.

203 — Une boîte en vernis Martin, ornée d'une miniature, grisaille, par Dégault : l'Offrande à l'Amour.

204 — Vernis Martin : dame richement parée, tenant un éventail). Sujet sur une boite en écaille incrustée d'argent.
205 — Une boîte en écaille, avec le portrait du duc de Penthièvre.
206 — Une boîte avec miniature sur ivoire : Vénus et des Amours.
207 — Une autre avec émail par Boys, peintre anglais : le portrait de Newton.
208 — Boîte en ivoire piqué d'or, ornée d'une miniature sur ivoire : Bacchante, attribuée à Greuze.
209 — Boîte en écaille doublée d'or : sur le couvercle, miniature sur ivoire, le portrait de Ninon de Lenclos.
210 — Boîte en écaille doublée d'or, ornée d'une miniature sur vélin, par Klingstedt, représentant des jeux d'enfants.
211 — Une boîte en écaille avec miniature : Stanislas Leczinski, roi de Pologne, par Massé.
212 — Boîte en écaille enrichie d'un médaillon en émail, par PETITOT : le portrait de Louis XIV.
213 — Boîte de forme rectangulaire incrustée d'or et d'argent : ornements et sujets.

Émaux.

214 — Bouquets de fleurs, émaux sur or. Deux pendants.
215 — Jeanne Vaubernier, comtesse du Barry.
216 — Portrait du célèbre sculpteur Bouchardon.
217 — Portrait d'un personnage anglais.
218 — PETITOT (École de). Un prince de Châtillon.
219 — Une plaque, ou ordre de décoration en or et argent, ayant au centre un émail de l'époque de Louis XIII : Sainte Famille.

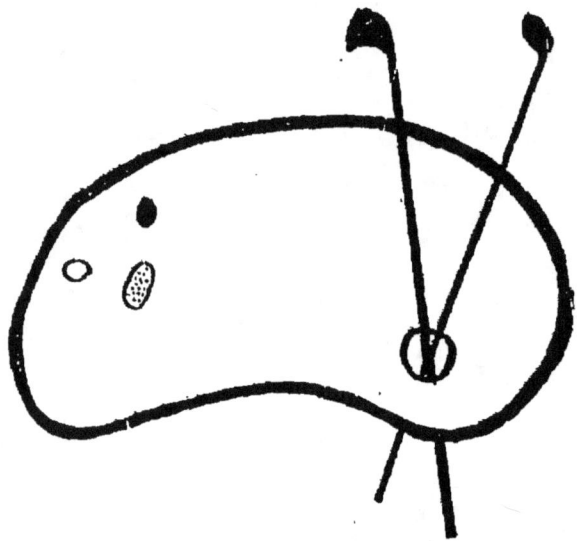

ORIGINAL EN COULEUR
NF Z 43-120-8

www.ingramcontent.com/pod-product-compliance
Lightning Source LLC
Chambersburg PA
CBHW050030230526
45470CB00003B/1205